A MÁGICA DA MÚSICA
Introdução ao ensino musical

JORGE FERNANDO DOS SANTOS

EUGÊNIO BRITTO

Ilustrações:

Josias Marinho

MAZA
edições

A MÁGICA DA MÚSICA
Copyright @ 2015 Jorge Fernando dos Santos e Eugênio Britto
Todos os direitos reservados.

Ilustrações: **Josias Marinho**

Projeto gráfico e diagramação: **Sylvia Vartuli**

Partituras: **Marcelo Pereira**

Revisão: **Elisa Fonseca e Silva**

Agradecimentos a Zebeto Corrêa e Francisco Saraiva (parceirão)

S237m Santos, Jorge Fernando dos.
    A mágica da música: introdução ao ensino musical / Jorge
  Fernando dos Santos e Eugênio Britto; ilustrações: Josias
  Marinho.- Belo Horizonte : Mazza Edições, 2015.
   48 p.: il.
   ISBN: 978-85-7160-654-8
   1. Música, instrução e estudo. 2. Teoria musical. I. Britto,
  Eugênio. II. Marinho, Josias. III. Título.
              CDD: 780.7
              CDU: 78:37

"O brasileiro
é um povo
esplendidamente
musical."

Mário de Andrade,
em *Ensaio sobre a Música Brasileira*

SUMÁRIO

A importância das artes na escola 6

① O que é música 8

② Natureza musical 12

③ A arte do sopro 16

④ O sentido da percussão 20

⑤ O papel dos cordofones 24

6	A importância do piano	28
7	O maestro e a orquestra	32
8	A arte da dança	36
9	Nossa música caipira	40
10	Mistura brasileira	44

Repertório musical 48

Sugestões de leitura 48

A IMPORTÂNCIA DAS ARTES NA ESCOLA

Já foi comprovado que o aprendizado de artes estimula a autoestima, o autoconhecimento, a criatividade e o sentido de harmonia nos alunos. No fundo, todo mundo é artista, dependendo apenas do incentivo no momento certo para dar asas à imaginação e ao talento. Isso sem mencionar o aspecto terapêutico desse tipo de aprendizado, sobretudo no campo da música.

Por meio das artes, também é possível aprender sobre história, ciências, geografia, línguas e outras matérias do currículo escolar. Além disso, a formação musical melhora nossos ouvidos e contribui na formação de público qualificado para a boa música – que nem sempre encontra espaço na grande mídia.

O livro *A Mágica da Música – Introdução ao ensino musical* apresenta conteúdo voltado para o ensino de música nas escolas, matéria que se tornou obrigatória por meio da Lei Federal nº. 11.769, sancionada em 18 de agosto de 2008 pela presidência da República.

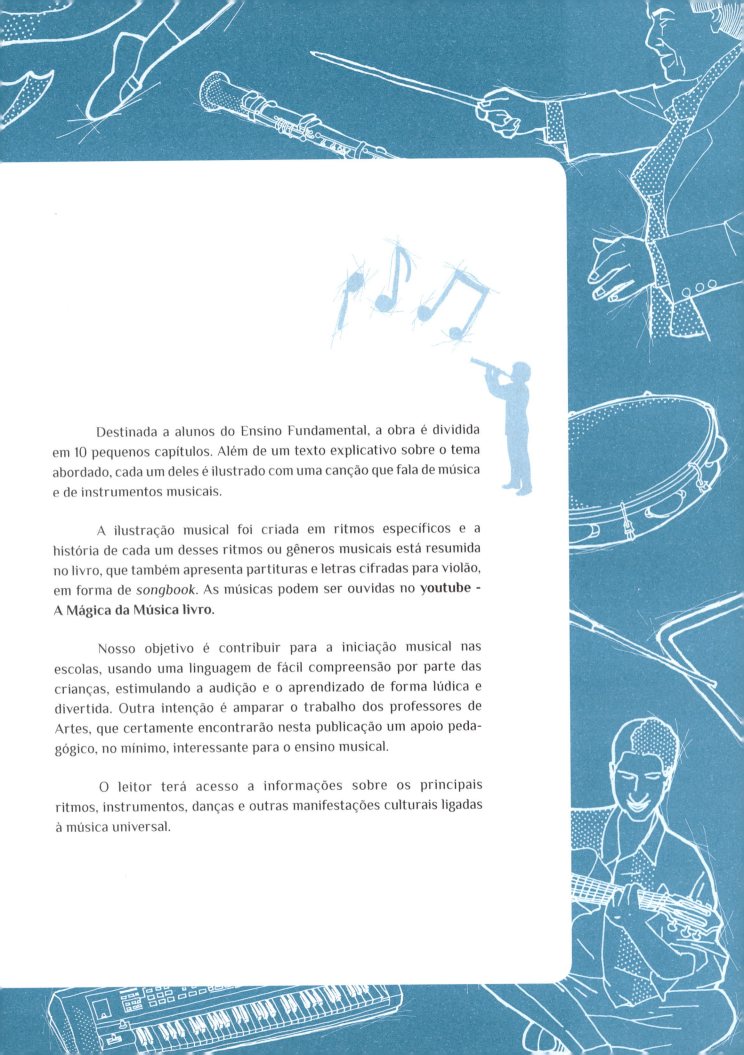

Destinada a alunos do Ensino Fundamental, a obra é dividida em 10 pequenos capítulos. Além de um texto explicativo sobre o tema abordado, cada um deles é ilustrado com uma canção que fala de música e de instrumentos musicais.

A ilustração musical foi criada em ritmos específicos e a história de cada um desses ritmos ou gêneros musicais está resumida no livro, que também apresenta partituras e letras cifradas para violão, em forma de *songbook*. As músicas podem ser ouvidas no **youtube - A Mágica da Música livro.**

Nosso objetivo é contribuir para a iniciação musical nas escolas, usando uma linguagem de fácil compreensão por parte das crianças, estimulando a audição e o aprendizado de forma lúdica e divertida. Outra intenção é amparar o trabalho dos professores de Artes, que certamente encontrarão nesta publicação um apoio pedagógico, no mínimo, interessante para o ensino musical.

O leitor terá acesso a informações sobre os principais ritmos, instrumentos, danças e outras manifestações culturais ligadas à música universal.

O QUE É MÚSICA

Os dicionários definem música como a arte de combinar sons obedecendo a critérios de ritmo, melodia e harmonia. O ritmo resulta de movimentos com intervalos regulares, fracos ou fortes. É ele que dá pulsação à música, como se fosse um coração. A diferença entre o som e o ruído é que o primeiro resulta de uma vibração regular, frequente e organizada, enquanto o segundo é irregular, caótico e desarmônico.

A melodia nasce de uma sucessão de ritmos e é nela que se encaixa a letra da canção, palavra que se refere ao canto. Já a harmonia é desenhada pelas diferentes notas musicais executadas em conjunto ou acordes, visando dar vida à música e funcionando como embalagem ou enfeite sonoro. Por isso uma mesma música permite múltiplas harmonias.

Dó, ré, mi, fá, sol, lá, si são as sete notas musicais – e existem ainda os semitons ou intervalos menores. As notas guardam as relações matemáticas associadas ao som correspondente a cada uma. Existem as notas maiores (que são gordas e alegres) e as notas menores (magras e tristes).

O que permite classificar os sons em graves (frequência menor e mais grossa) e agudos (frequência maior e mais fina) é a altura. Quanto mais grave, mais para baixo. Quanto mais agudo, mais para cima vai o som. O que distingue o som forte do fraco é a intensidade. O primeiro tem maior amplitude (como uma explosão: BUM!) e o outro, menor (como um zumbido: ZZZ...). Já o timbre permite organizar os sons de mesma altura e intensidade.

A sequência de notas hoje comum em todo o mundo foi desenvolvida a partir da escala pentatônica. Como o nome indica, ela tinha cinco sons e era usada na Antiguidade grega, quando se desenvolvia a chamada música modal. Isso quer dizer que, se a música fosse uma escada (e esse é o significado de *escala*, em italiano), naquele tempo ela teria somente cinco degraus.

A música grega, no entanto, desapareceu com o Império Romano. A civilização cristã adotou ritos de origem judaica e isso influenciou toda a música ocidental. No século XVIII, surgiu a escala de sete notas, denominada diatônica (em dois tons, maior e menor). Já a escala cromática tem 12 notas, incluindo os semitons.

Na escala diatônica, todas as notas têm o mesmo valor. É como se os degraus da escada musical fossem do mesmo tamanho. Já os semitons cromáticos (que dão cor à música) correspondem a meio degrau cada um. Contudo, vale lembrar que existem outras escalas em culturas primitivas, cuja história se perde no tempo.

ESCALA DIATÔNICA

Balada | Tom: Dó (C)

C
Dó é o primeiro degrau
D
Ré já vem logo a seguir
E
Mi sinto tão musical
F
Faço versos a sorrir
G
Sol já brilha lá no céu
A
Lá aonde a escada vai
B
Si subir tomo cuidado
B
Pois quem sobe um dia cai

B
Si do alto despencar
A
Lá terei o meu chapéu
G
Sol e chuva em pleno ar
F
Fazem arco feito véu
E
Misturando as sete cores
D
Refazendo cada tom
C
Diatônica escala
C
Um degrau pra cada som

A BALADA surgiu na França, no século XIV, sendo mais ligada à poesia que propriamente à música. Sua forma original eram três estrofes de dez versos e uma de cinco. A apresentação tinha uma voz aguda em primeiro plano, interpretando o texto principal, e outras duas graves no coro, que podiam ser substituídas por instrumentos.

No século XVII, os alemães passaram a usar o termo para descrever poemas narrativos de origem folclórica. Músicos como Chopin, Brahms e Liszt escreveram baladas para piano e o nome passou a identificar o gênero musical que chegou ao Brasil como um tipo de música romântica. Bandas de rock também tocam baladas e, talvez por isso, o termo tenha se tornado sinônimo de festa jovem.

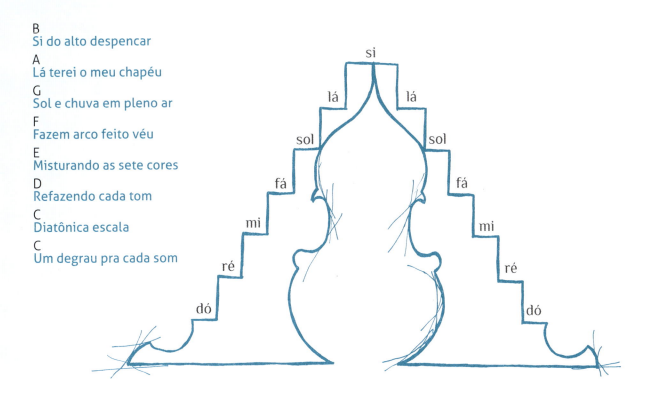

Escala Diatônica

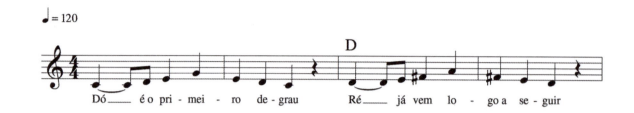
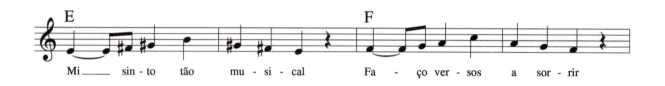

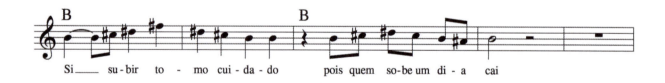

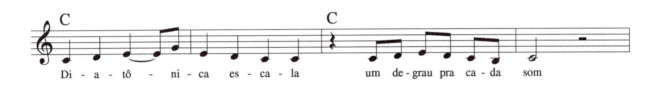

NATUREZA MUSICAL

O compositor alemão Ludwig van Beethoven dizia que "a música é uma revelação mais excelsa do que toda a sabedoria e do que toda a filosofia". Para outros, a música é pura matemática ou o silêncio em movimento. Em outras palavras, tudo é música, pois as vibrações sonoras estão em toda parte.

Na Grécia antiga, o filósofo Pitágoras imaginou a música das esferas, como se cada planeta do Sistema Solar correspondesse a uma nota musical. Ele percebeu que os sons harmônicos resultam das relações do comprimento da corda expressas por números inteiros. Uma oitava acima é obtida quando soamos a corda na metade de seu comprimento e uma quinta, quando a soamos a dois terços de seu comprimento. Isso confirma a relação entre a música e a física.

O Evangelho de São João nos diz que "no princípio era o Verbo, e o Verbo estava com Deus, e o Verbo era Deus". A mesma ideia está na sabedoria dos antigos vedas, na Índia: "No princípio era Brahma, com quem estava o Verbo. E o Verbo era Brahma".

Segundo o livro de *Gênesis*, do Antigo Testamento, Deus criou o mundo ordenando que as coisas fossem feitas. Simbolicamente, isso demonstra o poder da palavra e a importância dos sons. Por isso é importante ter cuidado com o tipo de música que ouvimos, pois o som interfere nas ondas cerebrais. Cada tipo de atividade humana se adequa a um gênero musical ou a um ritmo apropriado.

No início dos tempos, a música esteve ligada a rituais religiosos de sacrifício. Na Antiguidade, as flautas eram feitas de ossos, as cornetas de chifres, as cordas de tripas e os tambores de pele. Em um de seus famosos sermões, Santo Agostinho compara Cristo a um tambor: "Pele esticada na cruz para ressoar o som da Graça divina". Todos os povos, ao longo dos tempos, sempre utilizaram o canto, a dança e os ritmos nas horas de trabalho, lazer e louvor.

Na natureza não é diferente: os pássaros cantam, o vento assobia, o rio borbulha, as ondas do mar explodem contra os rochedos... E há também a poluição sonora dos tempos modernos. Sons e ruídos estão por toda parte, provocando diferentes vibrações que podem agradar ou não a nossos ouvidos, influenciando nosso comportamento e a nossa maneira de ser e agir.

ORQUESTRA ANIMAL

Frevo | Tom: Dó(C)

Pernilongo no violino
Dm
Urubu no violão
G
Cacatua toca o sino
C
Sapo-boi, a percussão
C7
O macaco quebra milho
F
A cigarra no trompete
C
Galo canta o estribilho
G   **C**
E a orquestra se repete *(repete a primeira parte)*

Am
Perereca na rabeca
E
Louva-deus com seu flautim

No fagote uma marreca
Am
Grilo toca bandolim

A7
Papagaio é o solista
Dm
Passarinhos fazem coro
Am
Nesse grupo de artistas
E7   **A7(4)** **A7**
O maestro é o be   sou   ro

Dm
Dó, ré, mi, faz sol
Am
Lá no meu quintal
E
Se a música é do homem
A7(4) A7
É também do ani   mal

O **FREVO** surgiu em Recife, juntamente com o Maracatu, no "frevedouro" das ruas durante o carnaval pernambucano. Vem daí o nome desse ritmo, que também chegou à Bahia e conquistou o Brasil.

No início do século XX, os cordões carnavalescos eram guarnecidos por capoeiristas, que iam à frente dos blocos para evitar a ação de possíveis ladrões ou valentões que pudessem atrapalhar a festa. Por isso os passos do frevo, que geralmente é dançado com o auxílio de uma sombrinha, têm semelhança com os golpes de capoeira. O maior compositor de frevos foi Lourenço da Fonseca Barbosa, carinhosamente apelidado de Capiba, em homenagem ao rio Capibaribe.

Orquestra Animal

Per-ni-lon-go no Vio-

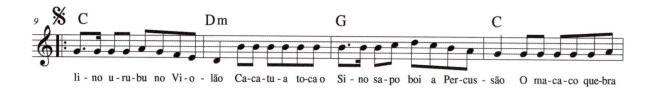

li - no u - ru - bu no Vi - o - lão Ca-ca-tu-a to-ca o Si - no sa-po boi a Per-cus - são O ma-ca-co que-bra

mi - lho a ci-gar-ra no Trom - pete Ga-lo can-ta o es-tri - bi - lho a Or-ques-tra se re - pe - te Per-ni-lon-go no Vio

pe - te Pe-re-re-ca na Ra - be-ca Lou-va a Deus com o seu Flau - tim No Fa-go-te u-ma mar - re - ca gri-lo to-ca Ban-do-

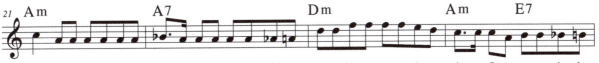
lim Pa-pa-ga-io é o so - lis-ta Pas-sa-ri-nhos fa-zem co-ro Nes-se gru-po de ar - tis-tas O ma-es-tro é o be-

sou - ro Dó ré mi fá sol lá no meu quin - tal Se a mú-si-ca é do ho-mem Tam-bém é do a-ni-

mal Dó ré mi fá sol lá no meu quin - tal Se a mú-si-ca é do ho-mem Tam-bém é do a-ni-

mal Per-ni-lon-go no vio

Fine

A ARTE DO SOPRO

A flauta pertence ao grupo das madeiras e é um instrumento feito com um tubo oco, contendo orifícios e um bocal. Para tocá-la, é preciso soprar o bocal, tapando e destapando os orifícios com os dedos, produzindo assim as notas musicais. Sua origem está ligada a antigos instrumentos folclóricos ainda hoje encontrados na Europa.

Existem basicamente dois tipos de flautas: a doce e a transversal. A flauta doce, geralmente, é feita de madeira torneada, podendo também ser de bambu, matéria plástica ou metal. Ela atingiu seu auge durante a Idade Média e a Renascença, produzindo um som melodioso e inspirando lendas como *A Flauta Mágica*, que deu nome a uma das obras mais conhecidas do compositor austríaco Wolfgang Amadeus Mozart.

Antigamente, a flauta era associada a seres mitológicos, espíritos da natureza, anjos e deuses pagãos, sendo Pã o mais famoso de todos. Essa divindade pastoril da mitologia grega teria criado a flauta de Pã, unindo sete talos de caniços nos quais soprava para produzir música e atrair a atenção de sua amada. No Continente Americano, os índios também faziam flautas de osso, talo, bambu e outras madeiras ocas.

Até o surgimento da arte barroca, a flauta transversal (que tem bocal lateral e é tocada de lado) dividia espaço com a flauta doce (com bocal na ponta, tocada de frente). A partir do século XVIII, ela passou a ser mais importante nas grandes orquestras devido à qualidade do seu timbre e ao volume sonoro. Seu formato atual surgiu em 1871, com o aperfeiçoamento feito pelo flautista e pesquisador alemão Theobald Boehm.

Um dos maiores flautistas da história foi o francês Jean-Pierre Rampal. O Brasil, também, gerou grandes músicos da flauta, como Altamiro Carrilho, Benedito Lacerda, Carlos Malta, Copinha, Joaquim Callado, K-Ximbinho, Odete Ernest Dias, Patápio Silva e Pixinguinha, um dos pais da Música Popular Brasileira (MPB).

INVENÇÃO DA FLAUTA

Valsa | Tom: Dó (C)

```
C                         Dm
Um vento ventou lá no bambuzal
                    G             C
Um índio escutou e achou bem legal
              C7        F
Teve uma ideia, cortou um bambu
  C               G          C
Então assim nasceu   a flauta de pau


C                         Dm
O índio tocou para o deus tupã
                  G       C
A tribo gostou e ficou sua fã
              C7            F
Teve outra ideia, cortou mais bambu
          C           G        C
E assim se viu nascer   a flauta de pan


E         Am   G          C
O grande Amadeus com tal harmonia
Dm   G    C    B7           E
Deu à flauta doce um tom de magia
E         Am    G        C
Surgiram Rampal   e "são" Pixinguinha,
Dm G     C     B7            E
Patápio, Callado   e o mestre Copinha
F                     C
Mas o maior, a quem mais admiro
    Dm   G                C
Foi aquele moço chamado Altamiro
F                    C
Com seu canudo tocava de tudo
   A7         Dm      G        C
A vida é uma flauta com som de veludo
```

A VALSA surgiu no século XV, na região onde fica a Alemanha, e desembarcou no Brasil em 1808, com a família real portuguesa. O pesquisador austríaco Sigismound Neukomm, que morou no Rio por volta de 1820, atribui a Dom Pedro I a autoria de sete composições desse gênero. A valsa tem compasso ternário e é ideal para dançar a dois.

A primeira valsa a chegar ao disco foi *Albertina*, versão da composição francesa *Amoureuse*, de Rodolpho Berger, gravada em 1902 por Mário Pinheiro. Grandes compositores fizeram valsas de sucesso, entre eles Catullo da Paixão Cearense, Lamartine Babo, Claudionor Cruz, Zequinha de Abreu, Tom Jobim, Edu Lobo e Chico Buarque.

A MÁGICA DA MÚSICA | A ARTE DO SOPRO

Invenção da Flauta

O SENTIDO DA PERCUSSÃO

Instrumentos percussivos são aqueles cujo som é obtido por meio da batida, raspagem ou agitação. Trata-se do grupo mais antigo de instrumentos musicais, usados desde a Pré-História, sendo feitos de madeira, pedra e pele de animais (os membrafones percutidos). O principal deles é o tambor, mas a própria bateria é um conjunto de percussões, sendo composta de bumbo, caixa, chimbal, pratos, surdo e tons.

Na classificação geral, esse grupo é o mais impreciso de todos, pois tem uma grande variedade de instrumentos. Na maioria das vezes, por não apresentarem altura definida, é impossível afiná-los com total precisão. Por isso são instrumentos rítmicos e não de solo musical, pois raramente geram melodia. As exceções são o xilofone e a marimba, que apresentam escala musical e podem ser usados com função melódica.

Os instrumentos de percussão mais conhecidos são agogô, afoxé, bilha, caixa, caneca, carrilhão, chimbal, chocalho, cuíca, ganzá, marimba, pandeiro, prato, reco-reco, repenique, sino, surdo, tabla, tambor, tarol, tímpano, triângulo e zabumba.

No Brasil, geralmente, a percussão tem origem africana. Os tambores e atabaques eram muito usados pelos negros em suas danças e nos seus rituais. Já o pandeiro é de origem árabe e persa, sendo a tabla, indiana. Percussionistas modernos, como Airto Moreira, Carlinhos Brown, Carlinhos Ferreira, Djalma Correa, Hermeto Pascoal, Marco Lobo, Marcos Suzano, Naná Vasconcelos e Serginho Silva, também tiram som de objetos comuns, como caixas de fósforo, panelas, talheres e até liquidificadores.

Além das baterias de escolas de samba, temos grupos de percussão conhecidos internacionalmente, como o baiano Olodum, o carioca Funk'n'Lata e os mineiros Tambolelê, Tempera Viola e Uakti, que faz os próprios instrumentos.

PERCUSSIONICE

Samba | Tom: Dó (C)

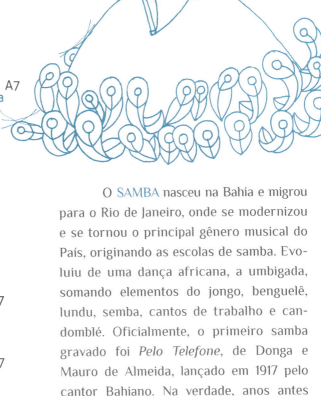

   G   C
Percussionista rouba a cena do cantor
         A7   Dm   A7
Quando bate no tambor, no pandeiro e na zabumba
   Dm   A7   Dm
É no ganzá que ele faz o chá-chá-chá
              D7   G
Reco-reco e tamborim, tumbadora na macumba

   C
O baterista também é um grande artista
        A7   Dm
Tem baqueta, tem pedal, toca prato, toca bumbo
  Fm   C
Com seu tarol faz inveja na retreta
 A7   Dm   G   C C7
Silencia a clarineta, mesmo estando lá no fundo
  Fm   C
Com seu tarol faz inveja na retreta
 A7   Dm   G   C C7
Silencia a clarineta, mesmo estando lá no fundo

   Em   B7   Em
A percussão é da orquestra o coração
          E7   Am
Dá sentido e pulsação, dá vontade de dançar
               Em
Veio da África dos nossos ancestrais
         B7   E7
Foi à guerra, hoje é de paz e não pára de tocar...
               Em
Veio da África dos nossos ancestrais
         B7   E7
Foi à guerra, hoje é de paz e não pára de tocar...

O SAMBA nasceu na Bahia e migrou para o Rio de Janeiro, onde se modernizou e se tornou o principal gênero musical do País, originando as escolas de samba. Evoluiu de uma dança africana, a umbigada, somando elementos do jongo, benguelê, lundu, semba, cantos de trabalho e candomblé. Oficialmente, o primeiro samba gravado foi *Pelo Telefone*, de Donga e Mauro de Almeida, lançado em 1917 pelo cantor Bahiano. Na verdade, anos antes disso, a Casa Elétrica já havia gravado sambas em Porto Alegre.

São muitos os subgêneros, como samba-enredo, samba de breque, samba-choro, samba-canção, samba-rock, samba-funk, samba-rap, partido alto, pagode e bossa nova. Muitos são os grandes compositores de samba, entre eles Ary Barroso, Assis Valente, Ataulfo Alves, Cartola, Chico Buarque, Dorival Caymmi, Geraldo Pereira, João Nogueira, Martinho da Vila, Nelson Cavaquinho, Noel Rosa, Paulinho da Viola e Sinhô, o rei do samba.

Percussionice

O PAPEL DOS CORDOFONES

Os instrumentos de cordas têm sua fonte primária de som na vibração de cordas tensionadas ou esticadas, quando são beliscadas, percutidas ou friccionadas. Antigamente, a corda era de tripa de animais e depois passou a ser feita de arame. Hoje, pode ser de aço ou de náilon. Na classificação de Hornbostel-Sachs, criada em 1914, os instrumentos de cordas integram a classe dos cordofones.

Os cordofones são muito importantes na história da música ocidental e estão presentes em vários gêneros musicais do nosso tempo. A partir do monocórdio, instrumento de uma corda só, filósofos e matemáticos, como o grego Pitágoras, estudaram os princípios matemáticos que regem intervalos, escalas e harmonias. Surgiu assim, há mais de seis mil anos, o estudo da teoria musical.

Devido ao pequeno volume sonoro produzido pela vibração de uma corda, a maioria dos cordofones tem uma caixa acústica para amplificar o som. É o caso da harpa, surgida no Egito antigo, do violino e do violoncelo. Outros não têm caixa de ressonância e exigem amplificação eletrônica, como o contrabaixo elétrico e a guitarra.

O cordofone mais popular, no entanto, é o violão. Ele é muito usado em várias partes do mundo, na execução de samba, choro, blue, flamenco, tango e outros gêneros musicais. O mais conhecido é o de seis cordas, mas há também de sete, de oito e até de doze ou mais cordas.

Entre os maiores violonistas internacionais, destacaram-se Andres Segovia, Manitas de Plata, Paco de Lucia e John Williams. O Brasil gerou alguns dos mais importantes do mundo, entre eles Baden Powell, Dilermando Reis, Dino Sete Cordas, Garoto, Guinga, Laurindo Almeida, Meira, Paulinho Nogueira, Raphael Rabello, Sebastião Tapajós, Toninho Horta, Toquinho, Turíbio Santos e Yamandu Costa.

Também são instrumentos de cordas: o alaúde, a balalaica, o bandolim, o banjo, o berimbau, o cavaquinho, o charango, a cítara, o contrabaixo, a craviola, a guitarra portuguesa, a lira, a rabeca, a viola caipira e a viola erudita. Já o cravo, o piano e o saltério são considerados instrumentos de cordas percutidas.

FAMÍLIA CORDOFÔNICA

Choro-canção | Tom: Dó (C)

```
G                    C              D#°        C/E
      Quem não conhece a mãe, o pai e o menino:
    A7                  Dm    Fm                              C
A vi o la, o violão e o violino      que vivem sempre a cantar
Dm        G      C       A7  Dm
O rock que a tia guitarra elétrica
          G        C     A7  Dm            G           C
Veio trazendo da América          pra todo mundo dançar
     C             D#°     C/E
E o vovô, o nobre árabe alaúde
        A7                            Dm   Fm                    C
Que se casou com a guitarra portuguesa      nos tempos imperiais...
Dm                 G               C        A7      Dm
      Saibam que o banjo é primo-irmão do bandolim
         G        C   A7  Dm            G       C    E7
Que o homenageia assim,        chorando notas demais


      Am        E7           Am
E ainda tem o tio torto, o contrabaixo
         A7          Dm
Que é namorado da elegante tia harpa
         G                      C        A7
Que é mamãe da linda priminha rabeca
     Dm       Fm     C
Neta sapeca da viola erudita
     A7       Dm            G          C
Essa pepita, tão bonita meio-irmã do tio cello


         C          D#°     C/E
Quem conta essa história é o cavaquinho
      A7                        Dm    Fm
Que é o caçula mais moleque que eu já vi
            C        A7   Dm
Dessa família que nasceu faz um tempão
        G          C       A7   Dm
Quando um deus meio assim doido e pagão
     G       C     A7  Dm          G        C
Num ritual de sacrifício       fez das tripas coração
```

O CHORO surgiu no Rio de Janeiro, em meados do século XIX, depois que a polca foi apresentada no Teatro São Pedro. Era uma dança alegre, em compasso binário, que fazia sucesso na Europa. Influenciou músicos da província, que não demoraram a abrasileirar o modo de tocá-la, com pitadas de lundu, dando origem ao choro. Esse nome vem da maneira chorosa de tocar. O primeiro regional de "pau-e-corda" foi organizado pelo flautista Joaquim Callado, grupo formado por flauta, violão e cavaquinho.

Os maiores sucessos do gênero foram compostos por Chiquinha Gonzaga, Ernesto Nazareth, Jacob do Bandolim, Pixinguinha, Waldir Azevedo e Zequinha de Abreu. Alguns receberam letras, sendo gravados por Ademilde Fonseca, a rainha do choro. Em sua homenagem, a cantora mineira Lígia Jacques gravou, em 2010, o CD *Choro Cantado.*

Família Cordofônica

A IMPORTÂNCIA DO PIANO

O piano é um instrumento de cordas percutidas, podendo ser considerado também de percussão. Ele produz o som quando seus martelos são ativados por meio de um teclado e tocam as cordas esticadas e presas a uma estrutura de madeira ou metal. Foi inventado no final do século XVII, por um fabricante de cravos florentino chamado Bartolomeo Cristofori. Contém em suas teclas todas as notas musicais.

O piano pode ter dois ou três pedais e se parece muito com instrumentos como o cravo e o clavicórdio, embora se diferencie pelo mecanismo de funcionamento. As cordas do cravo são beliscadas e as do clavicórdio sofrem o impacto dos martelos, que ficam em contato direto com as cordas. No piano, os martelos pulam, deixando as cordas livres para vibrar.

Há dois tipos básicos de piano. O mais elegante é o de cauda, que tem a armação e as cordas fixadas horizontalmente, é volumoso e precisa de grande espaço, sendo adequado às salas de concerto mais altas. Já o piano vertical, como o nome sugere, tem armação e cordas verticais. Sua armação pode ser de metal ou madeira e os martelos são ajudados pela lei da gravidade. Há também a pianola, de funcionamento mecânico; e o piano elétrico, que é amplificado eletronicamente.

O piano foi muito utilizado por compositores eruditos, como Chopin, Liszt e Beethoven, sendo também um dos principais instrumentos do jazz, do choro e do rock. O Brasil sempre teve grandes pianistas em diferentes gêneros musicais, entre eles André Mehmari, Arnaldo Cohen, Arthur Moreira Lima, Berenice Menegale, Egberto Gismonti, Eudóxia de Barros, Gilson Peranzzetta, João Carlos Martins, João Donato, Leandro Braga, Luiz Eça, Magdalena Tagliaferro, Nelson Freire, Radamés Gnatalli, Tânia Mara Lopes Cansado, Tom Jobim e Wagner Tiso.

ROCK DO PIANO

Rock | Tom: Dó (C)

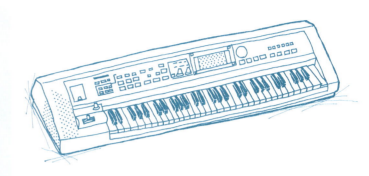

Intro: G F C G

     C
É de piano que eu agora vou falar

É no piano que eu agora vou tocar
        F
Esse meu rock pra galera requebrar
   C
Nossa balada não tem hora de acabar
  G   F
E tome rock'n'roll, porque se o rock errou
  C   G
O guitarrista tá tocando chá-chá-chá
  C
O meu teclado tem um punhado de teclas

E cada tecla corresponde a uma nota
    F
Tem teclas brancas e também as pretas teclas
     C
Que harmonizadas em acorde a gente nota
  G   F
E tome rock'n'roll, porque se o rock errou
  C   G
O guitarrista tá é dando uma manota

F
Esse é o rock do piano
  C
Um instrumento que pode tocar de tudo

Do erudito ao samba em tom jobiniano
   G
Eu quero rock, o'clock ao toque do piano

O ROCK N' ROLL surgiu no sul dos Estados Unidos, em meados da década de 1950, da mistura de blues, country e jazz. Seus primeiros astros foram Chuck Berry, Elvis Presley, Jerry Lee Lewis e Little Richard. Graças a filmes como *Balanço das Horas*, com Bill Halley e seus Cometas, o rock conquistou plateias juvenis em todo o mundo e influenciou bandas como The Beatles e Rolling Stones, na Inglaterra. Com o tempo, surgiram vários subgêneros, do rock mais romântico ao hard rock.

No Brasil, o rock começou a ser divulgado por Celly Campello e, mais tarde, por Roberto e Erasmo Carlos, no programa de TV *Jovem Guarda*, e também pelos Mutantes, grupo formado por Rita Lee e os irmãos Arnaldo Batista e Sérgio Dias. Hoje, existe um rock tipicamente nacional, no qual se destacaram Cazuza, Raul Seixas, Renato Russo e grupos como Barão Vermelho, Engenheiros do Havaí, Paralamas do Sucesso e Titãs. Já a banda Sepultura saiu de Belo Horizonte para conquistar o mundo com seu metal pesado.

Rock do Piano

O MAESTRO E A ORQUESTRA

A orquestra é um agrupamento instrumental destinado, principalmente, à apresentação de música clássica ou erudita. A pequena é chamada de orquestra de câmara e a grande, ou completa, leva o nome de orquestra sinfônica ou filarmônica. A diferença é que a filarmônica, palavra derivada de filantropia, é mantida pela iniciativa privada, enquanto a sinfônica é custeada pelo governo.

Uma grande orquestra pode reunir em torno de 100 músicos, apresentando cinco classes de instrumentos: cordas (contrabaixos, harpas, violas, violinos e violoncelos); madeiras (clarinetes, contrafagotes, corne-inglês, fagotes, flautas, flautins e oboés); metais (trombones, trompas, trompetes e tubas); percussão (bumbo, caixas, carrilhão, pratos, tímpanos, triângulo e xilofone); teclados (cravo, piano ou órgão).

Entre esses grupos, e em cada um deles, existe uma hierarquia. Cada seção tem um solista ou músico principal responsável pelos solos e pela liderança do grupo. Os violinos, por sua vez, são divididos em dois grupos: primeiros e segundos violinos. O violino principal do primeiro grupo é o *spalla*, sendo ele o chefe de toda a orquestra, abaixo apenas do maestro ou regente, a quem pode substituir eventualmente.

Entre os metais, o líder é o primeiro trombonista e, nas madeiras, o comando fica por conta do primeiro oboísta. Antigamente, a função do maestro era desempenhada pelo líder da orquestra. Ainda hoje, pequenas orquestras e conjuntos musicais não têm um regente em primeiro plano. Os conjuntos também incluem instrumentos populares, como violão, cavaquinho e bandolim.

Para uma orquestra funcionar, é preciso que os músicos tenham muita disciplina e dedicação. Antes de apresentar um concerto, geralmente eles ensaiam exaustivamente em busca da harmonia perfeita, que resulte em um belo espetáculo.

Ainda no campo da música erudita, existe o bel-canto, presente na técnica dos cantores de ópera e opereta, que se dividem nos naipes tenor, baixo e barítono (masculinos); soprano, meio-soprano e contralto (femininos).

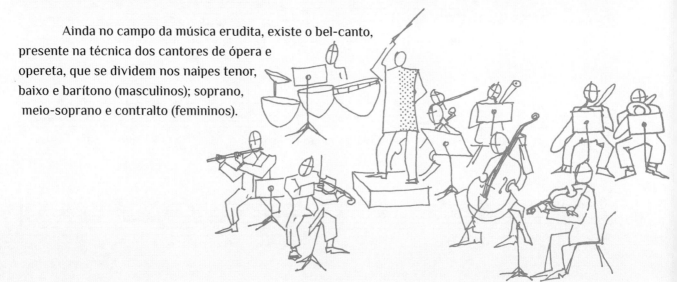

DESCONCERTO   Marcha | Tom: Dó (C)

```
G        C                    Dm
    A orquestra atravessou o meu caminho
       G         C      G
Desafinou, saiu do tom
     C                    Dm
O clarinete acusou o cavaquinho
        G                    C      G
E o contrabaixo pôs a culpa no pistom
    C                    Dm
A flauta doce azedou o seu compasso
        G         C    G
Errou no passo a percussão
    C                    Dm
O oboé botou a boca no trombone
       G                   C
E o xilofone deu vexame no salão


     Dm    G       C
O piano rodopiou a cauda
      Dm     G           C
Os violinos reclamaram com razão
      Dm     G        C    A7
Mas o regente ergueu sua batuta
       Dm      G          C
E pôs a culpa na desorganização:


         Dm                     G
Sem harmonia não há grande espetáculo
          Dm           G         C
Um bom concerto sempre exige afinação.
         Dm        D#º       C    A7
Os instrumentos entenderam o recado
         Dm        G         C
Depois tocaram no mesmo diapasão


         Dm     G        C    A7
Muitos aplausos,   bravos e bis
         Dm         G        C    A7
E o desconcerto teve um final feliz


         Dm     G        C    A7
Muitos aplausos,   bravos e bis
         Dm         G        C
E o desconcerto teve um final feliz
```

A **MARCHA** surgiu das bandas militares. O subgênero mais popular é a marchinha, que saiu do carnaval do Recife para todo o Brasil, com grande aceitação. Seu ritmo é ligeiro e as letras são cômicas ou líricas. Muitos compositores se consagraram com marchinhas famosas, entre eles Herivelto Martins, João de Barro, João Roberto Kelly, Lamartine Babo e Zé Keti. A mais conhecida é *Mamãe eu quero*, de Jararaca e Vicente Paiva, imortalizada por Carmen Miranda.

Já a marcha-rancho é mais lenta e surgiu de um tipo de folguedo comum na Bahia, entre o Natal e o Dia de Reis (6 de janeiro). Em 1870, surgiram os ranchos carnavalescos. A primeira marcha feita para a folia foi *Ô abre alas*, por Chiquinha Gonzaga, em 1899. Os ranchos duraram até a ascensão das escolas de samba.

Desconcerto

nia não há gran-de es-pe-tá-cu-lo um bom con-cer-to sem-pre e-xi-ge a-fi-na-ção Os ins-tru-

men-tos en-ten-de-ram o re-ca-do de-pois to-ca-ram no mes-mo dia-pa-são Mui-tos a-

plau-sos bra-vos e bis e o des-con-cer-to te-ve um fi-nal fe-liz mui-tos a-

plau-sos bra-vos e bis e o des-con-cer-to te-ve um fi-nal fe-liz

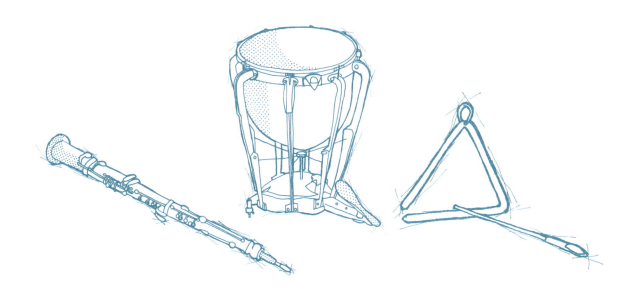

A ARTE DA DANÇA

A dança é uma das manifestações artísticas mais antigas da humanidade e, certamente, surgiu junto com a música. Na sua necessidade de se comunicar, divertir e adorar divindades, o homem descobriu o próprio corpo como instrumento de manifestação do espírito. Assim, a dança pode ter surgido antes da fala, da escrita e da pintura rupestre.

Hoje, a dança é considerada uma das três artes cênicas desenvolvidas a partir da Antiguidade, junto com o teatro e a música. Nela, o corpo segue movimentos sugeridos pelos sons musicais e previamente "desenhados" por meio de uma coreografia (escrita de movimentos). Em outros casos, a dança simplesmente resulta do improviso, sendo classificada como dança livre.

Além de ser uma importante manifestação artística e também religiosa, haja vista os rituais de umbanda e candomblé de origem africana, a dança é, principalmente, uma fonte de diversão e confraternização desenvolvida por povos de todo o mundo. Alguns gêneros são praticados em grupo, outros aos pares e uma terceira modalidade é individual ou solo.

Danças de palco, destinadas a serem assistidas por uma plateia predeterminada, são denominadas balé e seus praticantes são os bailarinos. Clássico, folclórico, moderno, contemporâneo, *jazz* e flamenco são os principais gêneros desse grupo. Já as danças populares, realizadas por diversão ou em rituais sem plateia preestabelecida, são praticadas por dançarinos. Trata-se de manifestações coletivas ou folclóricas, como a ciranda e a quadrilha das festas juninas, ou mesmo as danças ritualísticas dos cultos afrobrasileiros.

Existem danças populares e danças de rua. O *break*, por exemplo, é a dança de rua oriunda do movimento *hip hop*, enquanto o frevo surgiu no Recife, nos desfiles de carnaval. Já a capoeira é uma manifestação folclórica e reúne elementos de dança e arte marcial, tendo sua origem na luta dos escravos negros pela liberdade.

Já as danças de salão, geralmente, são praticadas aos pares, por casais. Valsa, salsa, forró, samba, bolero e tango estão entre elas. O tango argentino é o gênero mais sensual de todos, mas exige muita técnica e concentração dos dançarinos.

O CRAVO E A MARGARIDA

Tango | Tom: Lá (A)

Intro: E

```
   A            Bm     E       A E A
O Cravo e a Margarida começaram a namorar
           D    E       A  E A
A Rosa ficou ferida de ciúmes a reclamar


   A           Bm    E     A   E A
O Cravo brigou com a Rosa dizendo: não sou escravo
   A          D     E         A
A bela ficou nervosa e disse: não fique bravo


  Dm                          A
O Cravo ficou doente a Rosa foi visitar
             D     E              A
O Cravo fingiu desmaio e a Rosa pôs-se a chorar


    D          A    F#
Meu Cravo, não morra, não
    Bm       E           A
Se você morre, eu murcho de paixão
    D          A    F#
Meu Cravo, não morra, não
    Bm       E           A
Se você morre, eu murcho de paixão
```

O **TANGO** surgiu por volta de 1900, às margens do Rio da Prata, nas cidades de Buenos Aires (capital da Argentina) e Montevidéu (Uruguai). Quem melhor definiu esse ritmo foi o poeta e compositor argentino Enrique Santos Discépolo Deluchi, que se tornou conhecido na primeira metade do século XX como Discepolín. Para ele, "o tango é um pensamento triste que se pode dançar".

Trata-se da música que melhor expressa o espírito portenho, uma dança de casais muito sensual. O primeiro rei do tango foi o músico Francisco Canaro e o maior cantor do gênero foi Carlos Gardel, nascido na França e naturalizado argentino. Seu principal parceiro era o jornalista brasileiro Alfredo Le Pera. O instrumento que melhor simboliza o tango é o bandoneon e o maior bandoneonista de todos os tempos foi Astor Piazzolla, que modernizou o ritmo, introduzindo elementos do jazz e da música erudita.

O Cravo e a Margarida

NOSSA MÚSICA CAIPIRA

A colonização do Brasil avançou pelo interior, já que os primeiros homens brancos que aqui desembarcaram adentraram Pindorama (terra das grandes palmeiras) em busca de pau-brasil, diamantes, ouro e outras riquezas. Dessa marcha surgiram vilas, aldeias e cidades. A moda de viola foi a primeira manifestação musical de influência europeia surgida no País, na divisa de São Paulo, Minas Gerais e Goiás.

Ao perceber a musicalidade dos índios e o interesse que tinham pela viola, os padres jesuítas passaram a usar a música para atraí-los à catequese. A viola é uma evolução do alaúde, instrumento de origem árabe usado pelos mouros. Este povo islâmico ocupou a Península Ibérica durante 760 anos, exercendo forte influência sobre portugueses e espanhóis.

Na época em que a maioria da população era rural e o transporte de cargas era feito no lombo de animais, os tropeiros espalharam a moda de viola pelo Brasil afora. Um dos primeiros a divulgá-la na cidade grande foi o pesquisador e artista popular Cornélio Pires.

Na década de 1910, depois de fazer uma palestra sobre o tema no Colégio Mackenzie, em São Paulo, ele começou a promover apresentações em circos e teatros. Também produziu os primeiros discos de 78 rotações com duplas caipiras, pelo selo Colúmbia. A primeira moda a ser gravada foi *Jorginho do Sertão*, na voz da dupla Caçula e Mariano – pai e tio do acordeonista Caçulinha.

Pouco a pouco, os violeiros e as duplas caipiras conquistaram lugar na programação do rádio e no catálogo das gravadoras. Surgiram grandes nomes, como Capitão Furtado, João Pacífico, Teddy Vieira, Tião Carreiro e Pardinho, os irmãos Tonico e Tinoco, Cascatinha e Inhana, Pena Branca e Xavantinho; e duplas cômicas como Jararaca e Ratinho, Alvarenga e Ranchinho, entre outras.

De certa forma, as duplas caipiras influenciaram a música sertaneja atual, cujos artistas trocaram a viola pela guitarra elétrica e deram ao seu canto um tom de bolero misturado com country americano. Apesar disso, cantores como Inezita Barroso, Renato Teixeira e Rolando Boldrin souberam regar as raízes da música rural brasileira, também preservada por violeiros como Adelmo Arcoverde, Almir Sater, Chico Lobo, Ivan Vilela, Paulo Freire, Pereira da Viola, Roberto Corrêa, Rodrigo Delage, Tavinho Moura, Wilson Dias e Zeca Colares. Esses músicos são herdeiros de mestres como Helena Meirelles, Renato Andrade, Tião Carreiro e Zé Coco do Riachão.

DUPLA SERTANEJA

Moda de Viola | Tom: Lá (A)

Intro: D A E A D A E D E

```
        A              D     A
A pata choca e a galinha caipira
                         Bm
Formaram uma dupla sertaneja
                       E
Amarraram as violas com embira
              E7         A
E puseram os seus ovos na bandeja
    A         D     A
Eram sete, sete notas coloridas
     A7              D
Todas elas ensaiadas pra valer
                   E        A
E bem na hora da modinha preferida
    Bm          E       A
Os filhotinhos começaram a nascer


             A           Bm
Pato fez quem-quem, pinto piou
        E              A
E o público da granja aplaudiu
             A           Bm
Pato fez quem-quem, pinto piou
      E                A
Só o crítico de música não viu


             A           Bm
Pato fez quem-quem, pinto piou
        E              A
E o público da granja aplaudiu
             A           Bm
Pato fez quem-quem, pinto piou
      E                A
Só o crítico de música não viu
```

A **MODA DE VIOLA** surgiu no início da colonização do Brasil. O encontro da música portuguesa usada pelos jesuítas na catequese com os ritmos indígenas deu vida ao cururu, um tipo de canto e dança praticado em volta da cruz. Como os índios tinham dificuldade para pronunciar essa palavra, diziam "curuz" ou "cururuz", vindo daí o nome cururu.

Mais tarde, com a chegada dos africanos, a moda de viola recebeu influência dos batuques, nascendo assim o cateretê, o catira, as folias, a toada e outros ritmos da música caipira, ou sertaneja, que também se enriqueceu com a guarânia, o chamamé e elementos do country norte-americano.

Dupla Sertaneja

10
MISTURA BRASILEIRA

A canção brasileira tem estreita familiaridade com a música de outros países. A viola caipira, por exemplo, conserva sonoridades de origem árabe e indiana. O samba e o choro são primos distantes do jazz e do blues. Este, por sua vez, tem longínquo parentesco com a moda de viola.

Enquanto isso, surgido na periferia de Nova York, o rap é primo do nosso repente, do coco e do calango, ritmos brasileiros também nascidos do improviso, tendo um discurso rimado sobre uma célula rítmica sem necessariamente constituir uma melodia sofisticada.

Se o rap é uma expressão musical do hip hop, este tem no grafite sua manifestação gráfica. Já o repente brasileiro se expressa graficamente pela xilogravura, técnica de reprodução de imagens que serve para ilustrar o cordel, sendo este a expressão literária da música nordestina.

O cordel surgiu do jogral, manifestação literária da Península Ibérica de influência árabe. Ele está presente em países de línguas espanhola e portuguesa. Principalmente no Nordeste brasileiro, devido à influência da cultura moçárabe (cristãos ibéricos que conservaram sua religião mesmo sob a dominação muçulmana).

Os árabes cultuavam a trova e o alaúde tanto quanto a espada curva (cimitarra). Esta buscava reproduzir o formato da lua crescente, símbolo sagrado do Islã. O bom guerreiro mouro era também um excelente trovador e tocador de alaúde, instrumento de corda que influenciou o surgimento da guitarra portuguesa, da viola caipira e do violão moderno.

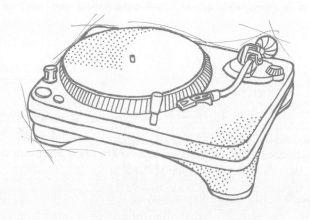

DEU RAP NA EMBOLADA

Coco + Rap | Tom: Mi (E)

D E   D   E
Peguei meu coco de embolada
E   E   D   D E
Mostrei numa parada lá no exterior
D E   D   E
A mídia que não entende nada
E   D E
Pensou admirada que eu fosse o pensador
D E   D   E
Meu coco ficou modernizado
E   D   E   D E
Com jeito eletrizado virou rap sim senhor (bis)

D E   D   E
Cantei um tema de improviso
E   D   E   D E
A lei vem sem aviso e espeta o inspetor
D E   D   E
Um guarda que não passou de liso
E   D   E
Tentando ser preciso levou meu gravador
D E   D E
Meu coco ficou no cativeiro
E   D   E   D   E
Michael "jaque" do pandeiro no bibop sim senhor (bis)

C#m
O rap e o coco são quase irmãos

Siameses são feitos da mesma matéria

São faces bem fáceis da mesma moeda

A cara do dólar, coroa é real

Gerados no meio da mesma miséria

O rap e o coco aliviam o sufoco

Do homem de bem na luta com o mal

D E   D   E
Mandei um rap de embolada
E   D   E   D   E
Falei pra garotada de todo o meu Brasil
D E   D   E
Pra aquele que não entendeu nada
E   D   E   D E
Eu falo na embolada da torre que caiu
D E   D   E
Meu rap ficou modificado
E   D   E   D   E
Meu coco encabulado, ora onde já se viu? (bis)

O **RAP** surgiu como expressão poético-musical da cultura *hip hop*, nos Estados Unidos, sob a influência das comunidades jamaicanas. A palavra em inglês significa "falar" com informalidade ou "bater" com força. Rap também é a sigla de *Rhythm and poetry* (ritmo e poesia).

A exemplo do repente nordestino, que pode ser feito no ritmo do coco ou da embolada, o *rap* é uma espécie de discurso rimado, tendo a música ou interferências sonoras como trilha. A partir da década de 1970, ele foi se tornando uma importante manifestação cultural dos jovens de periferia em todo o mundo, tendo um MC (Mestre de Cerimônia) e um DJ (*Disc Jockey*) que comandam o show.

Deu rap na embolada

Pe - guei meu Co-co de Em-bo - la - da Mos-trei nu-ma pa - ra-da lá no ex-te-ri - or A mí - dia que não en-ten-de na-da Pen-sou ad - mi - ra - da que eu fos-se o Pen-sa - dor Meu Co - co fi-cou mo-der-ni - za-do Com jei-to e - le-tri - za-do vi-rou Ra-p sim se - nhor Meu nhor Can - tei um sam-ba de im-pro-vi - so A lei vem sem a - vi-so es-pe-ta um ins-pe - tor Um guar-da que não pas-sou de li - so Ten-tan-do ser pre-ci - so le-vou meu gra-va - dor Meu Co - co fi-cou no ca-ti-vei-ro Mi-chael Ja-que do Pan-dei-ro no Bi-bo-p sim se - nhor Meu nhor O Ra - p e o Co - co são qua - se ir - mãos Sia-me-ses são fei - tos da mes-ma ma-

46

REPERTÓRIO MUSICAL

Escala Diatônica, Orquestra Animal, Família Cordofônica, Rock do Piano, Desconcerto e Dupla Sertaneja (Eugênio Britto / Jorge Fernando dos Santos); **O Cravo e a Margarida** (D. P. adaptado por Jorge Fernando dos Santos); **Invenção da Flauta** e **Percussionice** (Eugênio Britto / Francisco Saraiva / Jorge Fernando dos Santos); **Deu rap na embolada** (Jorge Fernando dos Santos).

SUGESTÕES DE LEITURA

- AMARAL, Euclides. *Alguns Aspectos da MPB*. Rio de Janeiro, Esteio Editora: 2008.

- BILLARD, François. Tradução: Eduardo Brandão. *No mundo do jazz*. São Paulo, Cia. Das Letras: 1989.

- BOTEZELLI, J. C. *A Música Brasileira deste Século por seus Autores e Intérpretes*. São Paulo, SESC-SP: 2000/2003.

- CALADO, Carlos; e outros. *Coleção Folha Clássicos do Jazz*. São Paulo, Folha de S. Paulo: 2007.

- CALADO, Carlos; e outros. *Raízes da Música Popular Brasileira*. São Paulo, Folha de S. Paulo: 2010.

- CASTRO, Ruy. *Chega de Saudade - A História e as Histórias da Bossa Nova*. São Paulo, Cia. Das Letras: 1990.

- CAZES, Henrique. *Choro do Quintal ao Municipal*. São Paulo, Editora 34: 1998.

- FÉRON, José. *Uma Orquestra e seus Instrumentos*. São Paulo, Editora Augustus: 1993.

- GRÜNEWALD, José Lino. *Carlos Gardel, Lunfardo e Tango*. Rio de Janeiro, Editora Nova Fronteira: 1994.

- HOMEM DE MELO, Zuza; BACCARIN, Biaggio. *Enciclopédia da Música Brasileira*. São Paulo, PubliFolha: 2000.

- LOPES FERREIRA, Edinéia; SANTOS, Elzelina Dóris dos; CARDOSO, Marcos Antônio. *Contando a História do Samba*. Belo Horizonte, Mazza Edições: 2008.

- MARIZ, Vasco. *História da Música no Brasil*. Rio de Janeiro, Editora Nova Fronteira: 2000.

- NEPOMUCENO, Rosa. *Música Caipira - Da roça ao rodeio*. São Paulo, Editora 34: 2005.

- RINCÓN, Eduardo. *Royal Philharmonic Orchestra*. São Paulo, PubliFolha: 2006.

- SADIE, Stanley. *Dicionário Grove de Música*. São Paulo, Jorge Zahar Editor: 1994.

- SANTOS, Jorge Fernando dos. *ABC da MPB*. São Paulo, Paulus Editora: 2005.

- SOLER, Luis. *Origens Árabes no Folclore do Sertão Brasileiro*. Santa Catarina, Editora da UFSC: 1995.

- SOUZA, Tárik de. *Tem mais Samba- Das raízes à eletrônica*. São Paulo, Editora 34: 2003.

- TINHORÃO, José Ramos. *As Festas no Brasil Colonial*. São Paulo, Editora 34: 2000.

- WISNIK, José Miguel. *O Som e o Sentido – Uma outra história das músicas*. São Paulo, Cia. Das Letras: 2001.

A MÁGICA DA MÚSICA | MISTURA BRASILEIRA 47